OHSAMA BUNKO

今すぐ！
幸せがやってくる
シンプルな習慣

さとうやすゆき

三笠書房

はじめに

まずはひとつ、試してみてください！

――小さな「きっかけ」が、たくさん詰まった本

人は、ある「きっかけ」から、まるで別人のように変わっていくことがあります。

そういうと、憧れの職業に就《つ》くとか、劇的な出会いを果《は》たすとか、何か特別な「きっかけ」を想像する人もいるかもしれません。

でも、実は、**私たちの日常で起こるささいなできごとのすべてが、〝きっかけの種〟なのです。**

たとえば、ある天気のいい日曜日、久しぶりに散歩に出てみたとしましょう。

←

すると、学生時代の友だちとバッタリ会った。

←彼女がワインの勉強をしていることを知り、ある日、一緒に勉強会に参加してみたところ、フランス語に興味が出てきて勉強を始めようと決意。

←どんどんフランス語の勉強がおもしろくなって、のめりこんでいった結果、ついに翻訳家としてデビュー……！

夢物語のようだと思うかもしれませんが、実現する可能性がゼロとはいえません。フランス語の勉強を始めることにはならなくても、散歩の途中に、以前から気になっていた人に遭遇して話が弾《はず》むことになるかもしれませんし、立ち寄った花屋さんでずっとほしいと思っていた鉢《はち》植《う》えを見つけるかもしれない。

ただ散歩に出かけてみた——そんな小さなことが〝きっかけ〟となって起こる変化は、数限りなくあります。

もちろん、そういつもいつもドラマチックなできごとがあるわけではないでしょう。

でも、毎日に何か変化がほしいとか、今の自分を変えたいなどと思っているなら、〝きっかけの種〟を見つけることが一番の近道です。

たとえば、歩く道を変えてみたり、いつもより一本早い電車に乗ってみたり、普段とはイメージの違う服を着てみたり……。

容姿や性格を変えるのではなく、毎日の生活にちょっとだけ変化を取り入れてみるのです。

この本には、そんな変化を起こすためのとてもシンプルな習慣が、たくさん紹介してあります。

習慣といっても、どれも簡単なことばかり。

そして今すぐ、本当に今この瞬間から始められることばかりです。

パラパラめくって、「これ、やってみたいな」というものがあったら、ぜひそこから始めてみてください。

大切なのは、まず、ひとつ変えてみることです。

すると、ある日あなたは気づくかもしれません。
大変だと思っていた仕事が楽しんでできている！
ご飯がおいしい！
ひとりの時間も、友だちといる時間も、すごく充実！
あの人との距離がグッと縮まったみたい！

仕事の内容が変わったわけでも、友だちがメンバーチェンジしたわけでもないのに、
こんなにも気持ちが違う、充実感が違う。
そんなハッピーこそ、本書の「変えてみる」効果なのです。

さとうやすゆき

もくじ

Contents

PART 1 「歩く道」を、いつもと変えてみる

試してみたら、うれしい変化が！

PART 2

「いい感情」だけを言葉にしよう！

〝言葉の魔法〟って本当なんだ！

PART 3

あきらめたら、可能性もゼロになるよ

「ココロの力」は、あなどれない！

PART 4

自分に"マジック"をかける

こんな小さなところから変わっていく！

PART 5

一日ひとつで、すべてがよくなる！

今日からできる開運法

本文イラスト：ねもと きょうこ

PART 1

「歩く道」を、いつもと変えてみる

試してみたら、うれしい変化が！

1

朝のあいさつで、いい一日、いい未来をつくる

「朝」は一日のスタート。

サッカーでいえば、キックオフの瞬間です。


あなたの目の前には、ボールがひとつあります。

強く蹴《け》れば、ボールは勢いよく転がっていきますし、逆に蹴る力が弱ければ、うまく転がらなかったり、すぐに止まってしまったりします。

それと同じで、朝、うまくスタートを切ることができれば、その日一日がハッピーになる可能性は格段に高まるのです。


気分よく、勢いよくスタートを切るコツは、何をおいても「あいさつ」です。

誰かに声をかけることで、お腹《なか》にクッと力が入る。

お腹に力が入ると、スーッと気分が爽《さわ》やかになって、もりもり元気がわいてきます。

少しくらい寝不足でも、疲れは一瞬で吹き飛んで「よし、今日も一日頑張るぞ！」という気持ちになれるのです。

こんなふうに、朝のあいさつの効果は絶大。

スムーズに始まった一日が、いい一週間、いい一カ月につながり、あなたの未来に変化をもたらしてくれます。


そうはいってもいきなり面と向かって、あいさつするのはちょっと恥ずかしい、という人にもおすすめの朝の開運法があります。

それは**すれ違う人にただニコッと笑いかけてみる**こと。

なんだ、そんなこと？　と思う人もいるかもしれません。

でもたった一秒相手に微笑《ほほえ》みかけて、ペコッと頭を下げるだけでも十分なあいさつです。

人は微笑みかけられると自分を「肯定された」と思うので、あなたがニコッと笑うだけで、あなたに好印象を抱くでしょう。

これは私が宝石のセールスマンをしていたころに、お客さんに実際にやっていたテクニックです。

微笑みかけてペコリ。とても簡単で、相手も自分も爽やかな気分になれます。

そして、相手からもあいさつを返してもらえたら、さらにパワーアップすること間違いなしです。

気持ちが前向きだと、仕事もはかどり、人間関係もスムーズ。

イキイキとした表情のあなたに、幸せがどんどんやってきて、不思議なことに、いろいろなことがいいほうへと転がっていくはずです。

2

歩く道を変えてみるだけで日常に変化が！

最近、どうもうまくいっていない。

仕事が忙しくてストレスがたまっている。

そんなとき、**自分を劇的に変えたいとか、毎日に大きな変化がほしい**とか思う人は多いでしょう。

もしもあなたが自分を変えたいと思っているのなら、**当たり前になっている習慣にちょっとだけ変化を加えてみましょう。**ほんの小さな変化でいいのです。

たとえば駅から会社まで、いつもと違う道を歩いてみます。

通りが一本違うだけで、日の当たり方や街路樹の種類など、見慣れた風景との違いに驚くでしょう。
目に入ってくるものが変われば、頭の中も変わります。仕事やプライベートで煮つまっていたとしても、フレッシュなアイデアがぽっとわくかもしれません。

一方、帰り道ならではの楽しみもあります。

時間に余裕があったら、思いきってひと駅歩いてみる。

すると、思いがけない場所に、素敵な花屋さんやカフェを発見するかもしれません。
「中をのぞいてみたいな」と感じたら、勇気を出して入ってみる。
食べ物の店なら、後日仲間を誘ってランチに出かけるのもいいでしょう。
「今度ランチに来てみよう」と想像するだけでもワクワクします。

会社と家の往復ばかりだという人も、いつもと違う時間帯に電車に乗ってみたり、バスや自転車など、交通手段を変えてみたりすることもできるかもしれません。

同じ道でも、いつもよりゆっくり歩いてみることで、きっと何か新しい発見があるはずです。

慣れ親しんでいる景色でも、時間や目線を変えることで、マンネリを打破できます。


また、ランチに行くときも、いつも同じ店、同じ席になっていませんか？

一日の過ごし方をルーティン化するメリットもありますが、ときには行ったことがないお店でランチしてみるのもおすすめです。


ぜひ自分の直感を信じて、新しいお店にチャレンジ！


入ってみたら好みのお店ではなかったとしても、その経験も勉強です。一体何が自分に合わなかったのか考える機会になります。

それに、ランチくらい失敗してもいいじゃないですか。

どんどんあなたのセンサーを鍛えてみてください。

馴染《なじ》みのお店に行く場合でも、いつもは窓際がお気に入りなら、あえて窓から遠い席に座ってみてください。

いつもは外の景色に気をとられていたのが、店内に目を向けてみると印象がまったく違ったりします。

お客さんウオッチングも楽しいかもしれません。

日常の中の「新しい発見」には、気持ちを浮き立たせ、想像力を膨《ふく》らませる効果があります。

自分を変えたいと思ったときは、当たり前の毎日から、ほんのちょっとだけはずれてみる。

それが、一番簡単で確実に変わるための方法です。

今日は
いつもとちがう
ランチ

3

高い場所から下を見下ろす

東京タワーに上《のぼ》ったことがありますか？

エレベーターに乗りこんで外を見ていると、上に行くにつれてぐんぐん視界が広がり、今まで見えなかった景色が眼下に広がってきます。

地上にいたときには、周りの高層ビルに視界をさえぎられていたのに、高いところから見ると、自分の立っていた周辺がとてもクリアに見えてきます。

高いところから下を見下ろすと、自分の今いる状況を客観的に把握できるようになります。

ですから、仕事でも恋愛でも自分の将来のことでも、いろいろ考えすぎて頭がパンパンになったときには、ぜひ高いところに上ってみましょう。

たとえば職場できついことを言われる人もいるでしょう。

狭い空間でショックなことを経験してしまうと、どうしてもココロが縮こまって、弱気になってしまいます。

そんなときこそ、高いところに行ってみてください。

職場がビルに入っている人は外の景色を見渡せる階まで行ってみるといいかもしれません。

高いところから改めて外を眺めてみると、たくさんの建物があり、そこにいろんな窓が見えます。

その窓のなかにいる人も、きっとあなたと同じように何かに悩みながら一生懸命生きているはずです。

そんなふうに外に意識を向けてみると、自分がひとりぼっちではないと思えてきませんか？

また、高いところから下の景色を見下ろしてみると、気持ちもどんどん大きくなってきます。職場で縮こまっていたココロものびのびとしてくるでしょう。

人は、何か悩みがあると、そこにばかり目がいって周りが見えなくなります。

でも、**高い場所に立つと、下に広がるパノラマのように、自分の置かれている状況を広い視野で把握できます。そして、今まで考えも及ばなかったところに意識が向くようになるのです。**

また、いつも見ている景色が普段よりずっと小さく見えるように、悩み自体がちっぽけに思えてくることもあるでしょう。

ぜひ、何か悩んでいるときは、いつもの景色を見下ろせる場所に上ってみてください。

4 いつも同じような服ばかり着ていませんか？

人は誰でも「変身願望」を持っています。

自分が変われば、きっと自分の未来も変わる。この考え方は決して間違っていません。**小さな変化も積み重なれば、その先のできごとを確実に変えていく**からです。

けれど、人はそう簡単には変われないのも事実。そんなときは形から入ってみましょう。

たとえば**服装を変えてみる。**

ポイントは、**「自分がちょっと抵抗を感じる」くらい変化をつける**ことです。

まずは、あなたが日頃「おしゃれだな」と思っている友だちに、全身のコーディネートをお願いしてみましょう。予算を決めたら、あとはその人におまかせ。

どんな服を選んでも決して文句を言わないのがルールです。

服装が変わると、不思議なことに気分もいつもとは違ってきます。自分には似合わないと決めつけていたデザインや色の服が、意外にしっくりくることに気づくかもしれません。もちろん周りの反応も違うでしょう。

また、**髪型を変えてみる**のもおすすめです。

友だちに美容院を紹介してもらい、「おまかせ」でカットをしてもらう。ちょっと勇気がいるかもしれませんが、大きくイメージチェンジすることは間違いありません。

もっと身近なところでは、手帳やペンを変えてみる、メイクの色味を変えてみる、ハンカチを変えてみる、など。

たとえ見えないところでも、行動が「変わった」ことはココロに伝わっているもの。気がついたら、前よりもっと魅力的なあなたに変身しているはずです。

5

出会って五秒に勝負をかける

人の印象は、出会って五秒で決まるといいます。

たった五秒です。

相手は、これまでの何十年間の自分をいっさい知らないのに、五秒というほんのわずかな時間であなたのことを「こんな人」と判断するのです。

そこで、ひとつ提案です。

この短い時間を**「変身タイム」**と考えてみるのはどうでしょう？　相手があなたの過去のデータを持っていないことを逆利用してみるのです。

この本のテーマでもある「変わる」というのは、何かきっかけが必要です。

初めての人と会うときというのは、絶好の「きっかけ」なのです。

映画や舞台などの役者さんが本番前に役作りをするように、約束の時間の少し前から、「なりたいイメージ」を頭の中で思い描いてみましょう。


イメージの対象は、誰でもOKです。

スタイル抜群の憧れのファッションモデル、いつも活発で明るい職場の先輩、今人気の芸能人、ノリのいいお笑い芸人……あなたが「こうなりたい！」と思う人を、三分間くらい集中的にイメージしてみてください。


イメージは、すごい力を持っています。

表情や雰囲気はもちろん、話し方までガラリと変えてしまうのです。


ときには、「私って、こんな言葉、知ってたかしら?」と、普段は使わないボキャブラリーまで出てくることもあるでしょう。

これも、イメージ力のなせるワザ！

いつもいる環境であなたが急に変わったら、周りの人は戸惑うでしょうが、初めて会う人なら、まったく問題ありません。

「出会って五秒」の変身タイム。ぜひを楽しんでみてください。

6 ジンクスを上手に利用する

いつもポジティブで元気な人がいます。

ちょっとくらい寝不足でも、いつもニコニコ。ストレスをためないせいか、肌もピカピカ。

そんな人は、たいてい**〝自分を喜ばせる〟のが上手**です。落ちこんだり、悩みがあったりしても、必ず元気になれるツボを心得ているのです。

元気になるためには、それなりの「小道具」が必要です。

たとえば「コーヒーを飲むと気分がシャキッとする」という人は多いもの。

これを利用して、**「コーヒーを飲めば、絶対、元気になる！」**と自分に暗示をかけてしまいます。

服や髪型が決まらないと、一日中落ち着かないという人は、**「この服を着ていけば、今日一日ハッピー」**と暗示をかけます。

飼っている犬とじゃれ合うのが何よりも幸せという人は、仕事用の手帳の中に愛犬の写真を入れておくといいでしょう。**「この写真を見ればいつだって元気になれる」**と、暗示をかけてしまうのです。

「小道具」は音楽でも、アクセサリーでも、香りでも、何でも構いません。**あるモノや行動によって〝条件づけ〟をしてしまう〝パブロフの犬〟の効果を利用するのです。**

最初は気持ちを切り替えるために意識的にやっていても、それをつづけていると無意識的に元気のスイッチが入るようになってきます。

体が覚えてくるのです。

自分のためのオリジナルジンクスを持っておくと、小さな駆け込み寺のようにあなたを助けてくれるはずです。

7

日常が輝きだす〝美点発見〟

夜、お月様を見ると満月の日以外は少し欠けて見えるはずです。
でも宇宙には三日月形の月も、凹《へこ》んでいる月もありません。常にまん丸です。
私たちが見ている月は、太陽の光が当たって反射して見える、脳の中の月なのです。

これは人も同じで、**みんな本当はまん丸で素晴らしいのだけど、人それぞれの価値観で相手を見るから、その人が欠けて見えるのだと私は思います。**

たとえばあなたが「あの人はここが欠けている」と思っていたとしても、それは「あなたの価値観を通して見た相手」の印象に過ぎないのです。

だから、「人はみんな素晴らしいんだ」という入り口から人間関係をスタートさせてみてください。そうすると、驚くほどにすべてがうまくいくようになります。

人をまん丸に見られるようになるにはどうすればいいのか。

それは紙に相手のいいところを書いてみるだけです。苦手な人に会う前日の夜などに、ただ思いつくままに書き出してみてください。

これを私は**「美点発見」**と名づけて、経営しているクリニックでもワークとして取り入れています。

誰かに見せるわけではないので、上手に言わなくちゃとか、相手に気に入られようとして嘘を書くとかしなくていいのがこの美点発見のいいところです。

この「美点発見」は、「人をほめること」とはまったく違います。

直接相手をほめるときは、ちょっとした下心があったりしますが、「美点発見」は自分ひとりでするものなので、素直なココロで相手を見つめることができます。

それにほめるのは多少の上下関係がありますよね。

たとえば部下が上司に「○○部長、立派になりましたね！」なんてことは言えませんが、ノートにだったら上司のいいところも書けます。

そうしてどんどん人や環境の美点を書いていくうちに、ココロに感謝の気持ちがあふれてきます。恨みや怒りがスーッとなくなって、生きやすくなってくるのです。

この美点発見のもとは、学校生活の悩みについて相談に来てくれた子に「せっかくだから帰りの電車の中で学校の先生、ご両親、クラスメート全員の美点を書いてみなさい」とアドバイスしたのがきっかけです。

その子は実際に電車の中でひたすら周りの人のいいところを書き出してみたそうです。すると翌日に「学校がまったく変わっていました！」と電話がかかってきました。

違う学校に行ったわけではないのに、不思議ですよね。

本当は学校が変わったのではなくて、その子の「見る目」が変わったのです。

要はその子はかけているメガネを替えたわけです。

欠点ばかりが見えるメガネから、相手の美しい点が見えるメガネに替える。
それが美点発見です。

8

「今すぐ」やる！

最初の項目からこの本を読んでいる人も、パッと開いたらこのページだった人も、**「今までやらずに後悔していること」**に、今すぐ取りかかってください。

さあ、今すぐです。

この本を閉じたら立ち上がって、アクション・スタート！

何でも挑戦することが、イキイキとした人生を送るコツ。

始めてみたら、どんどん楽しくなってくるはずです。

あきらめてしまったことに再チャレンジでも○Ｋ！

たとえうまくいかなくても、それは体験という財産になります。

小さな経験も積み重なると、あなたの人生を輝かせる大きな体験になりますよ。

ずっと
やりたかったことに
チャレンジ！

9

一週間のうち一日は、「自分の好きなこと」だけやる

普段、どんなにパワフルな人でも、エネルギーを外に出すだけでは、内側が空《から》っぽになってしまいます。

使ったら↓補充する。車のガソリンと同じです。

そして、同じ補充するならプラスのエネルギーで全身を満たしましょう。

いいエネルギーを取りこむ方法が、**「自分の好きなことに没頭する」**ことです。

人が「なんて楽しいんだろう！　最高！」と感じている瞬間には、目に見えるようなハッピーオーラが出ています。

つき合い始めたばかりのカップルは、そのいい例ですし、仕事でも情熱を持ってコ

コロの底から「楽しい！」と思いながら働いている人は、誰が見ても輝いているものです。

あなたもぜひ、「一番好きなこと」に熱中してみてください。

一週間に一日でいいのです。


でも毎日やることがたくさんあってそんなこと到底無理……と思う人は、やりたいことに順位をつけてみてください。

そうすると今一番やりたいこと、二番目にやりたいこと、三番目でもいいと思えることなど、やりたいことランキングが見えてきます。

それは誰かにいわれた優先順位ではありません。あなた自身でつけた番号です。

あれこれ考えてしまう人でも、番号順にやりたいことをやっていけばいいので簡単です。


買い物に出かける、エステやマッサージ三昧《ざんまい》、とびきりおいしいものを食べる、大好きなミュージシャンのコンサートに行く……。

人それぞれ、「これをやっているときが一番幸せ」というのがあるはずです。
もちろん、寝るのが大好きな人は、満足いくまでぐっすり眠りましょう。
ここで遠慮はいりません。お金も、できる範囲で思いきって使ってください。
こんなことしちゃっていいのかしら？　などと考えるのも厳禁です。

大好きなことだけやって一日を終えたら、あなたの周りには必ず、キラキラのハッピーオーラが輝いていますよ。

10 落ちこんだら、元気な人に会いに行く

元気な人は、いつも笑顔です。

そんなの当たり前、と思うかもしれませんが、実は「元気」と「笑顔」はニワトリが先か卵が先か、というくらい密接な関係にあります。

試しに、ちょっと疲れたと感じたときに、鏡に向かって一分間、笑いかけてみてください。すると、不思議なことに、体の内側からむくむくと元気がわきあがってくるのを実感できるはずです。

つまり、**「笑顔」という形から入ることで、いくらでもハッピーになれるということ。**

落ちこんでいても、〝元気なフリ〟をすれば、本当に元気になるのです。

そして、笑顔には、自分だけでなく他人をも元気にするパワーがあります。
ということは？

そう、落ちこんでしまったときには、笑顔の人に会いに行けばいいのです。

落ちこんでいるときというのは、ココロのエネルギーが「ガス欠」を起こしている状態。そんなときの応急手当ては、「元気」というガソリンを補給することです。

笑顔が素敵な人。
自分の気持ちを受けとめてくれる人。
いつもポジティブな人。
元気な人と話をしていると、その人の「笑顔エネルギー」が、いつの間にか乗り移ってきます。そして次第に「悩んでいたって仕方がない」と気持ちがぐんぐん上向いてくるのです。

会いに行く時間がないなら、元気な友だちにメッセージしたり電話をしたりするだけでもいいでしょう。ささいなできごとでも、「楽しい」と受けとめる相手の姿勢に、あなたのモヤモヤした気分もスッと晴れてくるはずです。

そして、落ちこんでいるときには、同じように落ちこんでいる人に、なるべく会わないようにするのもポイント。マイナスの相乗効果で、二人して果てしなく落ちこんでしまうことがあるからです。

もちろん、あなたが元気いっぱいなときには、自分の元気をどんどん人に分けてあげましょう。

「笑顔」と「元気」は人に分けてあげることができる〝財産〟なのです。

11 迷ったら、自分の〝過去〟に会いに行く

「私が本当にやりたいことって何だろう?」

小さい頃からの夢をずっと持ちつづけている人でも、まったく違う夢を追いかけている人でも、迷うことはあるでしょう。

そこで効果的なのが、「何でこれを始めたの?」「逆に何であれはやめたの?」と自分に問いかけて紙にその答えを書いてみることです。

そうするとおのずと、今ここにいる理由が見えてきます。

「この仕事に就いたのはお母さんの影響だ」「もっと頑張ろうと思えたのは、あの人が応援してくれたからだ」「何で前の会社をやめて、この会社に入ったんだっけ?」

迷ったら、原点に立ち戻る。
迷路で方向がわからなくなったときに、いったんスタート地点まで引き返すような
ものです。

これまでのできごとを思い出してみると、歩いてきた道が見えてきます。

そうすると当たり前だと思っていた今の環境や、周囲の人への感謝の気持ちもわいてくるでしょう。

人生に意味のない経験や、出会いはありません。

そして歩いてきた道の延長線上に、これからどう歩いていきたいかも見えてくるのです。


自分が生まれてから今までにかかわりのあった土地や、思い出の場所を訪ねられる人は、実際に行ってみてもいいでしょう。

通っていた幼稚園や小学校。よく遊んだ公園。

学生時代を過ごした町。アルバイトをしていた店。

昔、家族でよく旅行に出かけた土地。

気になる場所へ出かけてみるのです。


実際にその場に行き、五感で感じることで、いつの間にか美化されていた思い出がそれほどではなかったことに気づいたり、記憶から抜け落ちていた思い出がどんどんよみがえってきたりします。


そして、不思議なほど勇気が出てくるでしょう。

「あの頃、頑張れたのだから、今も頑張れるはず」

自分の過去に会いに行くことで、ココロも原点に戻ることができます。


大人になると、自分の環境をつい他人と比べてしまいがちですが、こうして昔の自分を追体験すると、自分を信じる勇気がわいてきます。

過去の自分と対面して、ココロのデトックスをしましょう。

今まで来た道を
振り返ってみると、
これから進む道も
見えてくるかも？

PART 2

「いい感情」だけを言葉にしよう！

“言葉の魔法”って本当なんだ！

12

「うれしかったこと」を人に話す

たとえば行列ができる人気の料理店で、実際に並んで食べてみたら、「うーん、おいしいのかな?」くらいの微妙な味だった。

そんな経験はありませんか?

「おいしい」とか「楽しい」という言葉は明確なようでいて、実はとてもあいまいなもの。人によって感じ方がまったく違います。

濃い味が好きな人もいれば、薄味をおいしいと感じる人もいます。

たとえ料理がおいしくても、店の雰囲気がイマイチだったり、そのときの会話が盛り上がらなかったりすると、それだけでまずく感じてしまうこともあります。

そこで、**言葉の持つ〝あいまいさ〟を逆利用してみましょう**。

嘘を言う必要はありませんが、意識的にポジティブな言葉を使ってみるのです。

とくに「楽しい」「きれい」「おいしい」といった言葉は効果的で、しかもいろいろな場面で使えます。

デートのときに、「楽しいね」と口にしてみる。

夜空を見上げて、「星がきれい」と言ってみる。

眠る前に、「いい一日だったね」とつぶやいてみる。

すると魔法のように、あなたの発した言葉は現実になるのです。

ココロは、認めた瞬間に出来上がるもの。

言葉は一種の〝暗示〟のようなもので、ココロと現実をつなぐ、橋渡し役をしているのです。

ですから、楽しかったことやうれしかったことは、積極的に人に話すようにしましよう。

「昨日観た映画が、すごくおもしろかった！　ぜひ行ってみて」

「電車に乗っていたら、お母さんに抱かれた赤ちゃんが笑いかけてくれた」

ハッピーなことを人に話すと、話が盛り上がるのはもちろん、言葉の力で自分もより幸せな気持ちになれます。

ぜひ、今から実践してみてください。

13
「絶対、大丈夫！」と言う

言葉には、ココロだけでなく行動を変える力もあります。

テレビでのインタビューを見ていると、一流のスポーツ選手は、ネガティブな言葉を使ったり、弱音をはいたりすることがほとんどありません。

たとえその日の結果が思わしくなかったとしても、「次の試合に向けての課題ができました」などと口にします。

スポーツ選手に限ったことではありません。

仕事ができる人というのは、ピンチに陥ったときでさえ「大丈夫」「絶対できる」と言っています。

そして実際にやりとげ、ますます評価が上がります。

つまり、**言葉の力で行動を引っ張っている**のです。

誰でも大きなトラブルにぶつかってしまうことがあります。

そこで、「もうダメだ」と言ってしまうと、その言葉通り本当にダメになってしまいます。

理由は簡単。

自分で、自分の発した言葉の暗示にかかってしまうからです。

ですから、どんなに辛《つら》いときでも「もうダメだ」は禁句に。

ココロの奥では、「もう無理……」という思いが消えなくても、口に出すときには、**「何とかなる」「大丈夫!」**と、つぶやいてみるのです。

「負けないぞ」と自分に気合を入れれば、必ず、もうひと頑張りすることができます。

何度も何度もプラスの言葉をくり返していると、それがココロに伝わって「本当に大丈夫かも!」と思えてきます。

言葉が自分の意識を変え、実際の行動まで変えてしまう。
そのくらい言葉の力は強いのです。

14 人の話に、ちょっと大げさに反応してみる

人には、口はひとつしかないのに、耳はふたつあります。話すことよりも聞くことが大事だからこそ、このようにつくられているのです。

とはいえ、ただ聞いていればいいというわけではありません。

あなたは「聞き上手」と聞いて、どんな人をイメージしますか？

よく言われるのは、「相手を喜ばせるのが上手な人」です。

もちろん、相手をいい気持ちにさせることはコミュニケーションを円滑にするために大切ですが、もう一歩踏みこんでみましょう。

本当の聞き上手になる秘訣は、**「相手を喜ばせる」だけでなく、「自分も喜ぶ」**こと

です。

プロ野球の応援席をイメージしてください。

応援するチームがヒットを打つと、観客はウワーッと盛り上がります。観客の声援にチームの士気も上がりますが、観客のほうは、チームを喜ばせようとして応援しているだけではなく、自分の喜びとして受けとめています。その相乗効果で球場は盛り上がっているのです。

同じように相手の話に自分が喜べることが、聞き上手になるための大きなポイントなのです。

会話を楽しんでいると、タイミングのいい相づちが自然と出てきます。

「うわあ」

「へえぇ」

「そうなんですか！」

「それはいいですね」

「うれしいです」

「ありがたいなあ」

絶妙な反応が返ってくると、話し手は気持ちよく話をつづけられるでしょう。

そして最後に「その話、もっと聞きたいです」なんて言うと、相手の話をどんどん引き出すことができますよ。

仕事の場でも、ときには関係のないことも言わせてあげる。

人間関係をよくするにはそういった、〝余白〟も大切なのだと思います。


そして、ボディランゲージも少し大きめに。

うんうんと大きくうなずいたり、腕組みをしたり、思わず手をたたいたり。話している側は、「ああ、すごく真剣に自分の話を聞いてくれている」と安心できます。

言葉だけでなく、五感をフルに使って、**「私は、あなたの話をすごく楽しんでいますよ」**とアピールできる。

そんな人が本当の聞き上手なのです。

15 会話は「足して10の法則」をつかう

会話にはリズムがあります。

「この人と話していると楽しい!」と感じる相手というのは、そのリズムが合う人なのです。

ではどうすれば、上手に会話のリズムをつくることができるのでしょうか?

その答えが**「足して10」の法則**です。

相手が5しゃべったら、あなたも5しゃべる。相手が9しゃべったら、あなたは9聞いて1しゃべる。逆に相手が2しかしゃべらなかったら、あなたが8しゃべる。

そうやって、常に合計が10になるようにするのです。

とくに多い失敗が、相手が9しゃべったあとに、自分も9しゃべってしまうパターン。

二人ならまだしも、これを数人でやってしまったら収拾がつきません。

反対に、相手が2くらいしかしゃべらないからといって、自分も2しかしゃべらなければ、何となくしらけた雰囲気になってしまうでしょう。

きっちり計算をする必要はありませんが、「何となく7対3くらい」「4対6くらい」と意識して会話をすると、話はどんどん盛り上がっていきます。

この法則は、**お笑い芸人のトーク**をイメージしてみるといいでしょう。

二人でコンビを組んでいる場合は、たいてい「ボケ」と「ツッコミ」の役割が決まっています。「ボケ」の人が七割ほどしゃべったら、残りの三割に「ツッコミ」が入る。

こうしてリズムよくトークが進んでいくのです。

日常の会話でも、たとえば友だちが、

「ねえ、聞いてくれる？　今日うちの会社でね……」

と話を始めたら、あなたの話す分量はおそらく1か2。「へえ、大変だね」「それでどうしたの？」と相づちを打つくらいでしょう。

そこで友だちから、「これってどう思う？」と聞かれたら、今度はあなたが相手の質問に答える形で、8～9くらい話せばいいのです。

会話のリズムをつくるのは「足して10」の法則。

流れをつかんで、会話の達人を目指しましょう。

16

自分に語る言葉を変えよう

あなたが話をしているときに、一番近くでその話を聞いているのは誰だと思いますか？

それは、あなた自身です。

言葉は、あなたの意識では相手に言ったつもりでも、それは自分自身に言っているのと同じです。しかも、ココロの深層にある無意識には、言葉や文章、会話の主語が伝わりません。

そのため、あなたが口に出した言葉を指示と受けとめ、その大きな力を総動員して、それを現実にするような働きをします。

それが、ほめ言葉だろうと、悪口だろうとまったく同じです。

つまり、**あなたが発する言葉は、相手に言ったつもりでも、多かれ少なかれ、あなた自身をも動かしているということです。**

道端でぶつかられて文句まで言われたとき。「なんてひどい人なの。サイテー！」とココロで思ったら、それは相手への感情だとしても、あなたのココロは「私はひどい人、最低だ」と思いこんでしまいます。

反対に、友だちに「いつもおしゃれで素敵だね」と声をかければ、それは自分自身をほめることにもなるのです。

だとしたら、もうおわかりですよね。相手を喜ばそうと口にした言葉は、あなた自身を喜ばせる言葉になります。

さあ、今日から相手が喜ぶ言葉を、どんどん口に出しましょう。

それらの言葉は、誰よりもまず、あなた自身の心に届くはずです。

そしてあなたのココロは喜びと感謝の気持ちで満ちてくるでしょう。

17 ほめるときは嘘をつかない

ほめられてうれしくない人はいません。

しかも、**思いもよらないところをほめられると、うれしさは倍増します。**

ほめ上手な人は、この「ほめるポイント」がとても洗練されているのです。

ほめるときは「本心から」。これは基本です。

さらにドキッとさせて、しかも喜んでもらえるようにほめるには、相手をよく観察することが大切です。

自分が一番自信を持っているところは、きっと多くの人からほめてもらっているでしょう。

ですから、**密《ひそ》かな「こだわりどころ」「自慢どころ」**をほめるのです。すると、それは普段ほめられていることより何倍もグッとくるはず。「目のつけどころ」が大切だということです。

それでは、上手にほめるためのポイントをお教えしましょう。

まず、初級編。

相手の**「身につけているもの」**に注目します。パッと目にとまった服やアクセサリーなどを話題にしてみるのです。

「珍しい時計をしていらっしゃいますね」

この時点でほめまくってしまうと、実は気に入らないものだったなんていう場合もあるので注意が必要です。

「あら、ありがとう。実は母から譲り受けたものなの」

相手がうれしそうに話してくれたら、

「素敵なデザインで、お似合いですね」と、すかさずほめる。

ここから会話が弾んでいくことも多いでしょう。

次に中級編。**その人自身をほめます。**

「今気づいたけれど指がとても細くて長いのね、きれいな手でうらやましいわ」

容姿をほめるにも、人が気づかないところに注目してみましょう。

そして上級編。

「○○さん、この間《あいだ》おばあさんの手を引いて横断歩道を渡っていたでしょ。おばあさん、何度もお礼を言っていたわよね。私、偶然見たのよ」

すごい、えらいと言わなくても、**誰も見ていないと思ったことをさりげなくほかの人の前で披露することは、とても効果的なほめ方なのです。**

私は口下手だから、とっさに気の利《き》いたほめ言葉なんか出てこない、という人はぜひ34ページで紹介している「美点発見」を実践してみてください。

直接言うのは照れてしまうようなほめ言葉でも、ノートに書いてみるだけなら恥ずかしくないはずです。

そうして人のいいところをぽつりぽつりと書き出していくうちに、自然と会話の中でも言えるようになっていくでしょう。

でも私は、口下手な人は、人に好かれる人だと思います。

なぜなら話の上手な人は、相手に話させる間《ま》もなく話せてしまうからです。対して口下手な人は、相手に話をさせて「うん、うん」と聞いてあげることができます。

口下手さんはある意味、聞き上手な人なんです。


コミュニケーションに自信がある人も、そうでない人も、ほめるときの基本は、相手を好意的な目で見ること。

「人を好き」でいることが、何より大切です。

本心からのほめ言葉は、相手のココロに必ず届きますよ。

18

電話では、「ほほ笑みながら」

自分の声を録音して聞いてみると、普段、自分で思っているのとはまったく違って聞こえるのに驚きます。少しくぐもった感じで肉声よりも暗い印象になります。

実は、これと同じことが電話でも起こります。

いつもと同じように話しているつもりでも、スマホや携帯、スピーカーを通して聞くと、少し沈んで聞こえるのです。

ですから、相手の顔が見えない電話で話をする場合は、いつもより声を少しだけ高くしてみましょう。

また、相手に見えなくても、ほほ笑みながら話すのがポイント。なぜならどんなに声だけ明るくしても、ブスッとしていたらそれが相手に伝わってしまうからです。

ニコニコ笑顔で
声のトーンも
UP!

そして、**さらに相手に好印象を与えるコツが「語尾を上げる」こと。**

試しに「なるほどね」と声に出してみてください。

語尾を上げると、ココロから納得して感心している感じがしませんか？

逆に、語尾を下げると、なるほどと言ってはみたものの何か言い足りないような印象になってしまうはず。

たとえ同じ内容の会話でも、声を意識するかしないかで、流れはずいぶん変わってくるのです。

また最近ではオンライン会議で人と話すことがある人もいるかと思います。

そのときも、これらの方法を試してください。真面目な雰囲気になってしまいがちなオンライン会議でも、語尾を上げて声のトーンを変えるとパッと明るくなりますよ。

19

電話やメールでは深刻な話はしない

仲のいい人や部下などに電話やメールをするときは、つい正直な思いをストレートに伝えてしまいがちです。

顔を合わせないコミュニケーションの場合は、相手が誰であろうと深刻な相談や、ネガティブな内容の話はしないほうが賢明です。叱《しか》ったり注意したりするのも、他人の噂《うわさ》話もNG。

直接の会話ではない場合は、伝えるのはポジティブな話に限定して、なるべく簡潔に用件だけを伝えるのが、変な誤解を招かないためのコツです。

こみ入った話になるのなら、顔を見て話すのが一番です。

電話もメールも、受け取るほうが主役なのです。「話を聞いてほしい！」と思ってもそこはいったん立ち止まって、相手の立場に立ってみてください。

相手からかかってきた電話でも、その内容が深刻だった場合には「直接会って話したい」ときちんと伝えていいと思います。

反対に、好印象を与える電話やメールとはどのようなものでしょうか。

まず、文章は短く、パッと見てわかりやすいのが一番。

ほかには親しい人へのメールだったら、好きな絵文字を用意しておいてもいいかもしれません。**そして電話もメールも、最後に相手に喜んでもらえる言葉を添えることです。**「それは素敵ですね！」「○○さんとお話しできて、元気になりました！」「この前いただいたお菓子がとてもおいしくて感激しました」などなど。

顔を合わせないコミュニケーションだからこそ、重い話はせずに、相手が気持ちよく受け取れるメッセージを心がけましょう。

20

言いたいことを紙に書き出す

仕事でのプレゼンや結婚式でのスピーチなどで、話す内容をきちんとまとめた原稿があると、うまくいくことが多いものです。

逆に、準備不足で、しどろもどろになってしまい、自分でも何を言っているのかわからなくなってしまった――こんな経験がある人もいるかもしれません。

たとえ、話を聞いてもらう相手がひとりだとしても、**「話したいことを書き出してみる」**というのは、自分の考えをきちんと言葉にするために、非常にプラスに働きます。

話すことに苦手意識を持っている人はもちろん、そうでない人も、一度、言いたいことを紙に書いてみましょう。

「書く」となれば、そう長い文章を書けるものではありません。

自分が一番伝えたいポイントが、おのずと決まってきます。

箇条書きやメモ書き程度でも構いません。言いたいことがまとまったら、それを何度か読んで、頭に入れましょう。


とはいえ、実際に相手と話すときには、紙に書いた文章を読み上げても会話にはなりません。相手の目を見て、紙に書いた原稿を思い出しながら話をするのです。

はじめはぎごちないかもしれませんが、この、「書いて、覚えて、話す」をくり返しているうちに、少しずつ自分の伝えたいことを言葉にすることができるようになってきます。


慣れてきたら、紙に書くかわりに頭の中で「一番伝えたいことは？」と考えます。

そして、確認できたら話を始めるのです。

おもしろおかしく話そうとか、無理に言葉を飾り立てようとする必要はありません。

一見話し上手なようでいて、実は何を言いたいのかさっぱりわからない人も多いもの。それに比べたら、たとえ上手ではなくてもきちんと内容が伝わる話し方のほうが、ずっと相手に好印象を与えます。

相手に何を伝えたいのか。

このポイントさえ整理できれば、話すことがどんどん得意になるでしょう。

21

長所日記をつけてみる

自分に自信が持てないときは、**自分の長所を五つ書き出してみてください。**

何もすごいことを書く必要はありません。

「人見知りをしないほうだ」「いつも元気」「料理が得意」「友だち思い」「家族が好き」など、パッと思い浮かんだことで大丈夫。

そして、自分がその長所を生かしているか、日記に書いて毎日点検してみるのです。

たとえば「人に優しい」というところが長所なら、どんな小さなことでもいいので、その日人に優しくしたことを書きましょう。

これを一カ月くり返したら、あなたは長所の塊《かたまり》のような素晴らしい人間になっているはず。

長所日記をつける中で、自分の短所が見えてきてしまう人もいるかもしれません。

しかし、長所と短所は、しばしば背中合わせになっているものです。

たとえば自分のことを「やることがのろい」と判断すると短所ですが、「じっくり考えて行動する」と置き替えれば、それは長所ということになります。

ですから、短所と思いこんでいた部分に隠れているあなたのいいところを見つけてみてください。


なかなか自分に自信を持てない人や、自分を好きになれない人も、長所がわかると自分への気持ちも変化してきますよ。

22

会話の中に相手の名前を入れる

いい人間関係を築くのに、とても簡単な方法があります。

それは、話の中に相手の名前を入れるということです。

有名なテクニックですが、実際にこの方法をやっている人が少ないなと思います。


「～だよね、美紀ちゃん！」

「…というわけなんです。田中さん」

「鈴木部長はどう思われますか？」


こんなふうに、随所に名前を入れながら話をすると、あなたの相手に対する親しみが好感度のサブリミナル（潜在意識への働きかけ）効果として、相手のココロに浸透していくのです。

みんな、自分の名前にはとても愛着を持っているものです。

名前をたびたび呼ばれると、呼んでくれた相手に、自然と好感を持つようになるのです。

だから、もし仮に、最初は友だちじゃないと思っていたとしても、知らないうちに親しみ深く思えるようになっているのです。

ですから人と話すときは、随所で名前を呼びながら、相手と会話をしてみてください。

ちょっと恥ずかしいかもしれませんが、相手から喜ばれること間違いなしです。

きっと、思いもよらない効果があることでしょう。

23

謝罪はできるだけ早く

会話をするときは、相手に「聞く態勢」をつくってもらっておくと、自分の話を受け入れてもらいやすくなります。

このことは、ケンカをしてしまった場合にも応用できます。

もしもあなたが相手から何かを言われて、「だけどあなただって、こうじゃないの！」と言い返したらどうなりますか？

相手はさらに反論し、延々と言い争いになるでしょう。

でも、あなたが先に謝れば、

「もういいよ」「こちらも言いすぎた」「お互いさまだから」

と、相手は歩み寄ろうとするはずです。

つまり、**「ごめんね」というひと言で、お互いにちょっと冷静になることができる**のです。しかも、相手に嫌な思いをさせなかっただけ、あなたのほうが大人だということです。

先に「ごめんなさい」と言っていなければ、あなたがいくら訴えても相手はカッとして聞く耳を持たないでしょうが、謝ったあとなら、あなたの言葉はしっかりと伝わるでしょう。

とはいえ、地位のある大人でも、公《おおやけ》の場で「申し訳ありませんでした」が言えないように、ココロからきちんと謝るのは意外に難しいもの。

そもそも、なぜ謝ることが難しいのでしょうか。

なかなか素直に「ごめんね」「ごめんなさい」と言えないのには理由があります。

それは、謝った時点で、相手に屈服したことになると思ってしまう、プライドを傷つけられたと思ってしまうからです。

でも、**「ごめんなさい」を言うことは、決して負けたことにはなりません。**

むしろ〝勝ち〟なのです。

もちろん、自分は絶対悪くないのに、謝ることなんてできない。そんな思いもあるかもしれません。

そのときは、こう考えてみたらいいのです。

相手を怒らせてしまったことは事実なのだから、それに対しては謝る。

そのうえで、

「嫌な思いをさせてしまってごめんね。あなたはこういう気持ちでいたのね。私はこういう気持ちでいたの。お互いにそれがうまく伝わらなかったみたいね」

と事実を並べて、自分の思いを相手にきちんと伝えるのです。

このとき、**感情はいっさい抜きにして、あくまでお互いの言葉を言ったままにくり返すのが、ケンカを蒸し返さないコツ。**

「ごめんなさい」がきちんと言える。それは自分が成長した証《あかし》なのです。

ゴメン
10分遅れた…
いいよ！

24

お願いしたいときは、まず自分のことを好きになってもらう

人は、相手が言っていることが正しいかどうかを判断する前に、その人が好きか嫌いかという感情が先に働くものです。

あなたも、誰が見ても正しいことを言っているのに、なかなか相手に理解されなかった経験はありませんか？

もし、そういうことがあったとしたら、それは、あなたの発言が相手の感情を満たしていないということなのです。

人の感情というのは、好きか嫌いか、あるいは敵か味方かというようなこと。

うまくいかないときは、そういうような感情が障害物になっている場合が多いのです。

その感情というものを理解できれば、物事はスムーズに運ぶようになります。
取引先との交渉を進めるときも、**まずは相手に好意を持ってもらうことです。**

たとえば「そういえば、○○さんのご出身は福島県ですよね。実は私の両親も福島出身なんです」というように、ビジネスの話を始める前に、その人が喜びそうな雑談をなげてみてください。

そうすると、話しづらいように思えた人でも「お！　福島のどこ？」と前のめりになり、あなたに好印象を持ってくれるでしょう。

自分の話や頼みを聞いてほしいときは、正論で押し通していくよりも「この人の話なら聞いてみようかな」と思ってもらうことが大切なのです。

PART 3

あきらめたら、可能性もゼロになるよ

「ココロの力」は、あなどれない！

25

スッとココロが晴れる「魔法の呪文」

元気の「気」は気持ちの気。

元気とは、状態ではなく気持ちです。

自分が元気だと思えば元気だし、落ちこんでいると思えば元気ではなくなる。あくまでも実体のないものなのです。

ですから、体がちょっと疲れていても、ココロは元気でいることができます。

「気持ち」をコントロールすることで、いくらでも元気になれるということです。


「なんだか、気分がよどんでるな～」

そんなときは、静かな環境で目を閉じてみましょう。

そして、深呼吸をしてこう唱《とな》えるのです。

「私は元気になってきた、なってきた。本当に元気になってきた！」

すると不思議なことに、元気が体の中にわいてきます。

じわじわとではありますが、気持ちがリセットされて、体の中で「元気」が動き始めるのです。

この方法は、訓練次第で上達します。

はじめのうちは、元気になったつもりが、すぐに逆戻りしたり、元気になるのに長い時間がかかったりすることもありますが、慣れてくるにしたがって、スッと元気になれるでしょう。

自分が元気になれたら、人にもおすそ分けしましょう。

元気の「気」は伝染します。元気な人のそばにいるだけで、空気感染して、周りの人も元気になれるのです。

しかも、人に元気を分けると、それがまた自分にも返ってきます。

「おはよう！」

「今日の服、素敵ね」

「ありがとう！」

「今日も頑張ろうね」

「お互いにね！」

「よーし、気合、気合」


元気でイキイキとしている人の周りには、同じように元気でイキイキとした人が集まる。そして、そのグループ全体の雰囲気が、さらによくなっていきます。

ちょっと元気が
出ないときは
“魔法の呪文”を
唱えてみよう

26 コンプレックスを強力な長所に変える！

「子どもの頃はワサビが大の苦手だったけれど、今ではワサビ抜きのお寿司なんて考えられない！」

こんなふうに昔は嫌いだったものが、ある日を境に突然好きになったことはありませんか？

「好き・嫌い」という感情は、先に書いた「元気」と同じ思いこみ。実体があるわけではありません。

これは食べ物に限らず、自分の見た目や能力などに関する「コンプレックス」についても同じことが言えます。

自分ではコンプレックスと思っているかもしれないけれど、ほかの人から見れば、

うらやましくなるような「長所」かもしれない。

しかも、それを知ることで、コンプレックスは自分の好きなところに変わるかもしれないのです。


たとえば、自分の背が低いことをコンプレックスに思っているとします。

スラリと背の高い人に、

「うらやましいわ、背が高いとどんな服でも着こなせるもの」

と、言ってみます。本心であれば、決していやみには聞こえません。

すると、意外に相手からは、

「そうかしら？　小柄なほうがかわいらしくていいなって、ずっと思っていたのよ」

なんて答えが返ってくるかもしれません。


そもそもコンプレックスとは、ただ自分が納得できないだけのもので、自分が思うほど、人はそのことを意識していません。たんなる「特徴」ととらえていたり、ときには「魅力」と感じていることだってあるのです。

そう考えれば、コンプレックスは相手と親しくなるためのきっかけをつくる、「お助けアイテム」となります。割り切って、どんどん利用してみましょう。

もっとも、自分でコンプレックスを意識するのは、悪いことではありません。「足りないところをほかで補おう」という気持ちが働いて、自分の得意分野を伸ばすことができるからです。

よく知られているように、ベートーヴェンは徐々に衰えていく聴力と闘いながら、傑作といわれる曲をつくりつづけたといいます。

ほかにも、偉人として名を残す人の多くは、才能と引き換えに強烈なコンプレックスを持っている場合が多いのです。

コンプレックスは、あなたの「親しみ度」をアップしてくれたり、頑張る力を与えてくれたりする、お助けアイテム。

自分にしかない財産だとプラスに受けとめれば、必ず役に立ってくれます。

27 あきらめたら、可能性もゼロになるよ

人が成長する瞬間は、自分ではっきりした手応《てごた》えを感じます。

初めて逆上《さかあ》がりに成功した！

これまでチンプンカンプンだった数式が解けた！

明らかに、一瞬前の自分とは違うという実感があります。

そして、そのような瞬間が訪れるのは、必ず**「ちょっと無理め」**なことにチャレンジしているときでしょう。


ココロのトレーニングも同じです。

「頑張りどき」を乗り越えた瞬間に、目に見えるような変身をとげ、あなたの魅力が数段アップするのです。

ですから、自分にはできそうもない課題を与えられたときはチャンスです。

たとえば、どう考えても遅くまで残業しなければ終わらない量の仕事をまかされたとしましょう。まさに、「自分の実力をつけるチャンス」到来!

ただし、ここでただがむしゃらに頑張るのでは、人から与えられた課題をこなすだけになってしまいます。

せっかくのチャンスなら、その作業を楽しんだほうがいい。

そのためには、**自分なりの課題をつくってみる**ことです。

「どうやったら効率よく進めることができる?」「どこまで時間を短縮できる?」

ゲームのように楽しんでみましょう。


筋トレだって、ただ回数をこなせばいいというものではありません。

自分なりにメニューを練《ね》り、経過を見て工夫するからこそ、良質な筋肉をつけることができるのです。

ココロのトレーニングも、できるだけいい筋肉がつくように工夫をして取り組んでみましょう。

何でも、あきらめてしまったら、たとえできることでも可能性がゼロになってしまいます。

頑張ってやってみて、「ここで頑張れた私ってすごい！」と思えたら、その自信があなたの魅力をぐんと引き出してくれます。

28

会う前一〇分――相手のいいところを思い浮かべる

初対面の相手に会うときは、多かれ少なかれ不安がよぎるものです。何を話そうか、話は盛り上がるのか、相手は自分にどんな印象を持つだろうか。人見知りをする人なら、お腹が痛くなったり、手に汗がにじんだりすることがあるかもしれません。

そこでおすすめなのが、**人に会う前の「ココロのストレッチ」**。

前の項で書いた「ココロのトレーニング」とは違って、短時間で気持ちをコントロールして安定させてくれる優《すぐ》れものです。

初めて会う人なら、

「どんな人なんだろう」→**「きっといい人だ！」**→**「早く会いたい!!」**

会う前のイメージトレーニングで
緊張がほぐれる

と言葉にして、イメージを膨らませていきます。待ち合わせの一〇分くらい前から少しずつテンションを高めていくのです。

するど、実際に会った瞬間、自然な笑顔が浮かんできます。

ここがポイント。

たとえ初対面であっても、人は自分に対して相手がいいイメージを持っているかどうかを敏感に察知します。そして、**理屈抜きで、自分に好感を持ってくれている相手のことを好きになります。**

つまり、初対面でいい印象を持ってもらえれば、その後の関係は良好になる可能性が高いということです。

ココロのストレッチは、初対面でなくても、もちろん使えます。

以前に会ったことのある人なら、

「〇〇さんは話がおもしろかったな」

「いきなり握手を求められてびっくりしたけれど、感じのいい人だった」

など、相手のいい印象を思い浮かべながらテンションを高めましょう。

29

あなたから「質問」する

初対面というわけでもないのに、どうも話が盛り上がらない……。

あなたの身近にそんな人はいませんか？

なかなか話が盛り上がらないのなら、「どう話そうか」を考えるよりも、**「どうすれば相手が話をしてくれるのか」を考えてみる**ほうが得策です。

相手に話してほしいなら「話したくなる」状況をつくることが先決。

なぜなら、**ココロのドアは〝観音開き《かんのんびら》き〟になっていて、外側からいくら押しても開かないから。**

開くためには本人に内側から開けてもらうしかないのです。

たとえば、自分が興味を持っていることを尋ねられたら、誰でも乗り気になります。
つまり、相手が今何に興味を持っているのか。
そこがわかれば、会話は、ほぼ一〇〇%盛り上がるのです。

まずは、相手の身につけているものを話のきっかけにしてみましょう。
このとき、**質問の形**にするのがポイントです。

「きれいなピアスですね。実は今、友人の誕生日プレゼントを探しているので、おすすめのアクセサリーショップがあれば教えてもらえませんか？」
「それなら、いいところがあるわよ。このピアスを買ったお店なんだけど……」

相手に答えてもらうように〝Q&A〟の会話をつづけていって、ピアスの話から、ファッションの話題、美容の話題と会話が広がっていけば大成功です。

人は無意識に、自分の話を聞いてくれた相手に対して、「この人の話を聞かなくて

は」と思うもの。

ですから、はじめは質問する側とされる側の役割がはっきりしていても、会話しているうちにそれがあいまいになっていきます。

そして、いつの間にか二人はグッと親しくなっているでしょう。

話しにくいと思っていた相手でも、きっかけさえつかむことができれば、会話はいくらでも盛り上がっていくのです。

30 相手はいつも「わかってほしがっている」!?

テレビ番組でも、本でも雑誌でも、昔からずっと変わらず人気のテーマは「占い」です。

なぜ、これほど占いに人気が殺到するのでしょうか？

その理由は、**占いが「あなたのことをわかっていますよ」と受け入れてくれるものだから**です。

これは、裏を返せば、**多くの人は「自分のことをわかってほしい」と思っている**ということ。その望みをかなえてくれる人の周りには、どんどん人が集まってくるのです。

「わかってほしい」ではなく、「わかってあげよう」と思って接する。

ほんの少し発想を転換するだけで、人間関係は大きく変わります。

もし、周りの人との関係がイマイチ……と悩んでいるなら、その人に対して、「私をわかって」と考えるのをやめて、「あなたをわかってあげたい」と思って接してみます。

そのためには、相手の話を真剣に聞くこと。

そして、「なるほど、あなたはこう思っているのね」と相手の言葉をくり返してみることです。

「わかってほしい」と思う人は、自分の思いをわかってもらいたいあまり、自分が話をすることばかりに意識が向きます。

ですから、反対に「わかってあげよう」とするときには、その話を聞く側に回ってあげればいいのです。

相手の言葉を聞いてくり返していると、相手は「ああ、彼女は自分のことをわかってくれている」と感激するはずです。

そして自分のことを受け入れてくれたあなたのことも「わかってあげたい」と思うようになるでしょう。

あなたの受けとめ方が変われば、相手もまた変わってきます。
お互いに居心地のいい関係を築くことができるということです。

31
自分と違う意見も楽しんでみよう

目の前に一輪のバラがあります。

「なんてきれいな花！　色も私が一番好きなピンクだし、完璧！」

あなたがうっとりと眺めていると、ほかの人が来てバラの品定めを始めました。

隣の人が「匂《にお》いがきつすぎる」と言うと、ほかの人も「花びらが落ちそう」とか「素敵だけど、高そう」、「私、花には興味がないのよね」とつづきます。


それを聞いて、あなたはどんなふうに感じるでしょうか？

「あれ？　せっかくきれいに咲いているのに……」

思わず自分の意見に反論されていると感じるかもしれません。

でも、ちょっと待って。

他人があなたと同じ意見でないからといって、あなたが否定されているわけではありませんし、「自分が正しい」とか「周りのみんなが間違っている」とか思う必要もありません。

人はひとりひとり、性格も価値観も違う。同じものを見て、同じように感じるわけでもない。世の中には様々な考え方や思いがあって、そこに正解不正解はないのです。

これは、当たり前のようですが、忘れてしまっていることも案外多いものです。

友だちとのやりとりでも、会社の会議でも同じことです。

意見が一致しないのは当たり前。

ですから、**それぞれの意見をテーブルの上に並べて品評会をするような気持ちでいましょう。**

私はこう思うし、あなたはこう思う。

「なるほど、そんな見方もあったのね」

他人の意見は、決してあなたに対する〝攻撃〟ではないのです。

32 いらない言葉は“ゴミ箱”に捨てる

自分とは違う意見にふれることで人は成長します。

でも、「聞かないほうがいい意見」もあることを知っていますか？


たとえば、口ゲンカがいい例です。

もうやめようと思っているのに、相手が言い返してくるから、ついつい「だって」と自分も言い返す。そのうちに本来の議論からずれていって、ココロにもないことまで言い合ってしまう……。

そんなときは、**目の前に、大きい「ゴミ箱」があるとイメージしましょう。**

そして相手の無意味な言葉を全部、そのゴミ箱にポイポイと放りこんでいくのです。

口ゲンカに発展しそうなら、自分からは決して反論しません。

相手の言葉をいちいち頭で理解する必要もありません。共感もしなくてよし。**必要のないメモ書きくらいに考えて、読まないままクシャクシャに丸め、ゴミ箱にポイッと捨ててしまいます。**

口ゲンカとは、ああ言えばこう言うから成立するので、一方が言い返さなければそれでおしまい。相手は自分が言いたいことを言ってしまえば満足して、反論がなければそのうち静かになってしまいます。

しかも、そのあとはコロリと機嫌がよくなったりするものです。

ゴミ箱にたまったゴミの山は、ココロの焼却炉で燃やしてしまいましょう。まるでパソコンの「ゴミ箱」を空にするように。

聞く必要のない言葉は、聞かないのが一番。

いらない言葉はゴミ箱に捨てて、さっさと忘れてしまいましょう。

いらないコトバは
紙に描いて
バイバイ…
ポイッ

33

夜は難しいことを考えない

いくら頭でわかっていても、ココロや時間に余裕がなくなれば、思いやりを忘れてしまうのが人間です。

身近な相手に優しくできない。ついつい攻撃してしまった……。

結果、自己嫌悪に陥《おちい》ってしまうのです。

そんな**ネガティブな感情には、はっきりと〝期限〟を決めましょう。食品に表示されている賞味期限のイメージです。**

ネガティブな感情を断ち切るのに一番いいのは「朝」。

なぜなら、人の感情は、夜に不安定になる傾向があるからです。

妄想が膨らんだり、落ちこんだり、カッカしたり。そのときに無理にポジティブになろうとしても、なかなか思うようにはいかないでしょう。

でも、**ひと晩寝て、朝日を浴びれば、気分がスッキリ！**

そのとたん、昨晩のできごとや気持ちが一気にふっ切れるのです。

もしケンカをしてしまったのなら、次の日の朝、何ごともなかったように「おはよう！」と笑顔で声をかけてみましょう。

これで一〇〇％、ケンカは終了になります。

これは、たとえば仕事でスランプに陥ったときも同じです。パソコンの前に座っていても仕事ははかどりませんから、さっさと帰って寝てしまいましょう。

翌日、目が覚めたら、驚くほど冴《さ》えた解決策が浮かぶことも多いのです。

夜は、難しいことを考えない。この潔《いさぎよ》さが大切です。

一度、「全部なし」にして気持ちをリセットしましょう。

34

幸せのつくりかた

「幸せ」とは目に見えたり、形があったりするわけではありません。

つまり、**「私は幸せだ！」と思えばあなたは幸せなのです。**


たとえば一生治らない怪我《けが》をしてしまったとします。一生治らないのだから、今後の人生が不幸かといわれたらそうではありません。

今このままで幸せだ、このままで豊かなんだと心で思えば、あなたは幸せな人なのです。

どんな貧乏な家に生まれても、ココロが豊かだったらあとから追って本当に豊かになってくる。ココロは便利なんです。

私は幸せのつくり方は、家の建て方と同じだと思います。

家を建てるときは「こんな家を建てたいな」とまだここにない家を想像して、設計図を書きます。

あとはその設計図に合わせて、思い思いに理想の家を建てていくのです。


もっとお金に余裕があれば、もっと勉強を頑張っておけば、もっとスタイルがよかったら……。

人の欲や理想はなかなか尽きないものですが、まずは「今この瞬間が幸せだ!」と思うことです。


「今の現実がよくなったら幸せになる」という発想は、**「今の私は幸せだから、もっとよくなる」という発想に変えていきましょう。**

あなたの幸せを決めるのは、あなたのココロであって、外的要因ではないのです。

幸せも不幸も、一〇〇%あなたのココロで決められますよ。

35

想像だけで「不安」にならない

人間は妄想する動物です。

ほかの動物は妄想をしません。

たとえば、アフリカの草原でシマウマが「ライオンに襲われたらどうしよう。怪我をしたらどうしよう」などと、まだ起こってもいないことを想像して悶々《もんもん》とすることはないでしょう。

「もしも○○だったら」とあれこれ考えるのは人間だけなのです。

もちろんそれは、将来を予測して準備をするという意味で、必要な力。

けれど、妄想にしばられて行動が抑制されてしまうのでは、話が逆です。

「こんなことを言って相手が嫌な顔をしたらどうしよう」

「今度の会議で失敗したらどうしよう」

現実に起こっていないことを想定して、最初の「一歩」が踏み出せなくなるのでは、本当にもったいない。

また、人が自分をどう評価しているのか。人が自分に何を望んでいるのか。あるいは人は自分に何をしてほしいと思っているのか。

これも、本人に確認しない限りはすべて妄想です。

人間ですから、妄想をやめることはできません。

でも、「これは妄想なのだ」と意識することはできます。

自分が抱えている悩みも心配ごとも、まだ現実に起こっていないことは全部妄想。

ですからいくらでも、未来を変えることができます。

悩み、不安、心配、恐怖——「全部妄想なのだ」と自覚するだけで、気持ちがぐんと軽くなりますよ。

PART 4

自分に〝マジック〟をかける

こんな小さなところから
変わっていく!

36

朝、いつもより一五分早起きする

朝は、その日一日を決める大切な時間。

いいエネルギーを補給するために、ちょっとした〝瞑想〟をしてみましょう。

いつもの何倍もいいスタートが切れること、間違いなしです。

まずは、いつもより目覚まし時計を一五分早い時間にセットします。

目覚ましが鳴《な》っても、あわてて起き上がる必要はありません。目を閉じて横になったままで構いませんから、意識を少しずつはっきりとさせていきましょう。

もしもまた眠ってしまいそうなら、布団の上に座って目を閉じていても構いません。

朝の光を浴びてひとりでじっと目を閉じていると、ココロが穏《おだ》やかなのを実感できるはずです。

ちょっとの早起きで
パワーチャージ♪

そして、こんなふうにイメージしてみましょう。
「水の表面に浮かんだゴミをスーッとすくい取ってみると、その下からきれいな水がこんこんとわき出てくる。あたり一面、透明で清らかな水で満たされていく――」
すると、今日やるべきことに対するアイデアが浮かんできたり、悩んでいたことが雲が晴れるようにクリアになる瞬間があります。

朝は「知恵の時間」。
頭の中が一掃されて、真っ白な状態にリセットされたところに、ぽっと新しい知恵が浮かんでくるのです。

朝は忙しく、目覚ましが鳴ったら飛び起きてすぐにも準備を始めたいところでしょう。でも、朝一五分早く起きて瞑想の時間を設けるだけで、その日一日をずっとハッピーに過ごすことができるのです。

朝の瞑想で、不思議なパワーを実感してください。

37

悔《くや》しい気持ちは成長のチャンス！

人の実力や実績に悔しいと思ってしまうことってありますよね。

それが自分が自信を持っている分野だとなおさらです。

自分よりもすごい人がいたら、悔しがったり、嫉妬したりするのはおかしいことではありません。


しかし、その嫉妬してしまうココロを、尊敬するココロに切り換えましょう。

尊敬できる人がいるということは、素晴らしいことですし、自分より仕事や勉強ができる人が近くにいるということは、その人から学ぶことができ、自分も成長できるチャンスなのです。

でも、そこで、あなたが嫉妬心をむき出しにして「あの人がダメになってくれればいいのに」と思ってしまうと、その思いは、自分にも返ってきます。

なぜかというと、潜在意識は、他人と自分の区別がつかないので、人に向けて放ったものでも、まず自分が一番先にその思いを受けとめてしまうからです。

人を恨んだりする人は、結局自分が不幸になってしまいます。

ですから、いつも嫉妬をしてしまう人は、自分よりすごい人に出会っても、悔しい気持ちをグッとこらえ、「素晴らしい人だなあ」と口に出して気持ちのスイッチを切り替えてみましょう。

最初は無理やりでも構いません。

つづけていくうちに、本心からそう思える自分に出会えるはずですよ。

38

「やりたい仕事」は後回し！

「今日は、ここまで仕事を終わらせる！」

そう決意したものの、結局半分くらいしかこなせなかった。

こんな話をよく聞きます。

計画通りに仕事が終わらないのは、決して自分の力が足りないからではありません。

「順序」が問題なのです。

ほとんどの人は、まず自分が「やりたい仕事」から手をつけてしまいがち。そして、「やるべき仕事」は後回し、後回し……結局、翌日にくり越したりします。

ですから、**仕事を効率よく進めたいなら、まず「やるべき仕事」をやっつけてしま**

うこと。

ここに、心理トリックがあります。

やりたい仕事というのは、往々にして自分が得意なことが多いもの。

先に手をつけると、ついついその作業にかまけて、必要以上の時間をかけてしまうことがあるのです。

では、「やるべき仕事」を先に済ませると、どうでしょう?

残った時間がたとえ短くても、あとは自分の好きなことですから、楽しく、スピーディーに進められます。

しかも、時間に限りがあれば、必要以上にその作業をつづけることもなくなるはずです。

うまく時間配分ができ、気がついたら定時きっかりですべてが片づいている! 仕事がスッキリさっぱり片づくことになります。

一生懸命やっているつもりなのに、仕事がたまってしまう。

頼まれると断れなくて、仕事の量がどんどん増えてしまう。


こんな人は、ぜひ段取りを見直してみてください。

仕事だけでなく、家事も同じです。

今日、終わらせるべきことをリストアップして、優先順位をつけてから取りかかるクセをつけましょう。

39

小さな〆切をつくってみる

仕事ができる人とできない人の一番の違いは「集中力」があるかどうかです。
でもここで、「私は集中力がないほうだ……」とあきらめないで。
そもそも**集中力とは、持って生まれたものというより、訓練で高めていく能力。**
集中力をつけたければ、つけるための訓練をすればいいだけの話です。

もっとも効果的なのは、時間で区切る方法。
「与えられた期限より、少しだけ早く終わらせる」習慣をつけてみましょう。

たとえば、上司から仕事を頼まれたら、指定された期限よりも少し前倒しして、〆切を決めます。そして、「何があってもこの期限を守る！」と決めて、仕事に取りかかるのです。

すると、**みるみる力がわいてきて、いつもよりずっと仕事がはかどります。**

そう、この力こそ「集中力」なのです。


期限を決めるときには、不可能なところではなく、「自分にはちょっときついかな」と思うくらいのところに目標を設定するのがポイントです。

走り高跳びで、いきなりバーの高さを上げてしまったら跳べないものが、毎日少しずつバーの高さを上げていくと跳べるようになる。

それと同じように、仕事も少しずつレベルアップしていきましょう。

もし失敗しても、一度バーを下げて、またそこから始めればいいのです。


集中力がつけば、仕事の〝質〟も上がります。

上司にほめられる。自信もつく。

そうして、自分の中に「集中力＝成功」のイメージが出来上がり、「できる人」になるのです。

40 うまくいかないときは、やめてみる

何をやっても思うようにことが進まない。あせるほどにイライラが募《つの》る。いっぱいいっぱいになって、余裕がなくなる瞬間は、誰にでも訪れます。

そんなときは、自分で自分にタイムをかけましょう。**ココロの中で「タイム！」と宣言して、今やっていることからいったん離れてみる**のです。舞台の幕をいったん下《お》ろすイメージで。

そして **〝物理的に〟ほかのことをしてみてください。**

職場ならトイレに行ってメイクを直す、歯を磨く、軽くストレッチをするなど。家で煮つまってしまったら、コーヒーをいれる、散歩に出る、コンビニに行って買

い物をしてくるなど、何でもいいのです。

時間に余裕があるなら、シャワーを浴びたり、服を着替えたり。睡眠不足なら三〇分ほど仮眠を取るのもいいでしょう。

バレーボールの試合などで、形勢が危うくなったとき、監督が絶妙のタイミングで「タイム」をかけますね。あの要領です。

試合中のスポーツ選手を見ているとわかるように、思うようにいかず、イライラしたり緊張したりしているときには、顔がこわばり、思わぬミスをしたりします。

あなたも同じように、イライラしているときには、平静を装っているつもりでも引きつった顔をしていて、作業の効率も下がっているのです。

そのままつづけても、ますます眉間《みけん》のしわが深くなるだけですから、こんなときは気分を変えて肩の力を抜くことです。

タイムをかけてリフレッシュできたなと思ったら、鏡を見て自分の顔をチェックしてみましょう。

鏡に向かってニッコリほほ笑んで、自然な笑顔が浮かんでくればＯＫです。

最後に**「よし！」**と自分に気合を入れます。

「よし、やるぞ！」でも、「よし、できる！」でも構いません。小さくてもいいので声に出せれば、なお効果的。

自分が前向きな気持ちになっているのを確認できたら、もうひと頑張りもへっちゃらです。

ただし、調子がよく波に乗っているときには、少々疲れたなと思ってもタイムをかけないこと。せっかくのリズムが崩れてしまうこともあるからです。

思うようにいかないときは、迷わず「タイム」。

自分の気持ちを上手に扱える、名監督になってください。

うまくいかないときは、
ひとやすみ
ひとやすみ。

41

価値観の違う人、大歓迎！

夢をかなえている人の共通点を知っていますか？

それは、**つき合う仲間が、バリエーションに富《と》んでいる**ことです。

ひとつの目的を達成するためには、同じような考え方のメンバーが集まったほうがいいと思っている人がいます。

でも実際には、様々な価値観を持つ人たちが集まったほうが、目的が達成される確率は高いのです。

得意分野がバラバラなら、ひとつのプロジェクトに対する意見もバラバラ。意見をまとめるためには、たくさん話し合って何度も検討を重ねなければなりません。

そのことが、結果的に目標を達成するための力となるのです。

同じような価値観の仲間が集まれば、作業は速いでしょう。でも間違った方向に動き始めても、気がつくのが遅れるというデメリットがあります。軌道修正しようにも、〝NO〟を言ってくれる人がいなければ、そこから先になかなか進みません。

「絶対に、これを成しとげたい！」という目的があるのなら、むしろ価値観の違う人とかかわっていきましょう。

何かと対立する相手。苦手な人。上司や部下。お年寄りや、子ども。

どんどん自分から声をかけましょう。

同じ方向を見ていてもアリからの視点と、ゾウからの視点はまったく違いますよね。その景色の状態を聞いてみると「へえ、そういうふうに見えているんだ」と勉強になります。

いろんな人の視点を知ることで、あなたが見えるものもどんどん増えていきますよ。

価値観が違うと、自分が正しいと思うことを「それは違う」と言われることもあるかもしれません。でもそう言われることがあったら逆にしめたもの。

その人はあなたの行き先の軌道修正をしてくれる、大切なブレーンになるはずです。

42 人生をよくする三つのログセ

あなたの人生が素晴らしくなる、口グセをお教えします。

「何で、こうなっちゃったんだろう……」という「過去」に起きたことに対する後悔には、「**これでよかった**」という言葉。

「辛いなあ……、苦しいなあ……」という「現在」の状況に対するグチや不満には、「**ありがたい**」という言葉。

「このままじゃ、きっと最悪な状況になってしまう……」という「未来」への不安や心配には、「**だからよくなる**」という言葉。

ココロの中でも、実際に口に出しても構いません。

自分にこの言葉をかけることで、できごとの本当の意味や真実に気づくことができるでしょう。

43 一日に一度、動物や植物にふれる

素直な人は、どんどん成長していきます。

何ごとも正面から受けとめるので、人生のどんな局面も、どんな人との出会いも「養分」にして、ぐんぐん自分を伸ばしていけるのです。

そこで、**〝素直のお手本〟として、生き物を育ててみる**のは、いかがでしょうか？

動物でも植物でも、きちんとココロから向き合って接すれば、とても素直なものだということがわかるはずです。

犬を飼っている人はわかると思いますが、犬は感情表現がとてもストレートです。「楽しい」「お腹がすいた」「眠い」「悲しい」という気持ちの変化が、手に取るようにわかりますし、こちらが愛情を注げば、ココロの底からうれしそうな顔をします。

植物も同じです。観葉植物でも部屋に飾った花一輪でも、太陽に当てたり、水やりをしたり、一気に元気になって〝顔色〟がよくなります。

人間関係ばかり見ているといろいろなことを複雑に考えてしまいがちですが、ほかの生き物と接することで、気持ちがラクになります。

それは、彼らがシンプルに生きているから。そして、人間も本当はとてもシンプルだということがわかるからです。

日の出とともに起きて、眠くなったらベッドに入る。
お腹がすいたら、おいしいものを食べる。
うれしいときは喜んで、悲しいときは思いっきり泣く。
人に何かしてもらったときには感謝する。

正直に、シンプルに生きることは、自分が成長するための最強の法則なのです。

44

眠る前は「明日やりたいこと」を考える

人のキャパシティは、ある程度決まっています。

ずっと走りつづけたら疲れてしまうし、食べすぎればお腹が膨れる。昼寝しすぎると夜なかなか寝つけなくなるし、悩みすぎれば頭が痛くなります。

何でも「やりすぎ」はよくない。「ちょうどいい」のが一番ということです。

でも、日中は仕事が立てこんでいたり、人に会う予定があったりと、「ちょうどいい」を実践することはなかなか難しいでしょう。

そこで、**夜の時間**が鍵となります。

昼間、いろいろ詰めこんでパンパンになったココロを、ここでいったんリセットするのです。

そのためには、今日あったことの反省会をするよりも、明日に気持ちを向けること。いったん悩み始めると、くよくよ考えてしまうからです。

夜は、「準備の時間」。

メモを用意して「明日やることリスト」をつくってみましょう。

仕事の予定、プライベートのお楽しみ、郵便局に行く、食料品の買い出しなど。朝のうちに済ませることから、夜の予定までを、ひと通り書き出します。

たとえ仕事が思うように進んでいない場合でも、夜は内容についてあれこれ考えないこと。ただ、「昼までに終わらせる」などとメモをしておくだけでいいのです。**書き出すことで、悩みも不安もあなたの手を離れます。そして、悩みや不安でパンパンになっていたココロの状態がリセットされるのです。**

書き出したメモは、翌朝すぐに見られるよう、枕元に置いておきます。

これで準備完了。

あとの時間は、リラックスタイムに使いましょう。

その日の疲れを翌日まで持ち越さないように、のんびりお風呂に入るのもよし、お肌のお手入れをするのもよし、本を読んだり音楽を聴いたりするのもよし。

ぐっすり眠れる環境をつくることに集中します。


翌朝、朝の光の中で目が覚めたら、「朝の瞑想」（122ページを参照）をしてみてください。

スッキリと片づいてリセットされたココロに、ぐんぐんやる気がみなぎってくるのを実感できます。

しかも、夜のうちに段取りが済んでいますから、朝バタバタすることもありません。落ち着いて、ベストなやり方で、始動できるのです。


夜の段取りと、朝の瞑想。

新陳代謝のいいココロで、毎日にハッピーサイクルをつくりましょう。

やることリストを
考えたらあとは
リラックスタイム★

PART 5

1日ひとつで、すべてがよくなる！

今日からできる開運法

45

一日一回チャレンジをする

ココロは筋肉と同じです。

鍛えれば鍛えるほど、めきめきと力をつけていきます。意識して、きちんと鍛えていさえすれば、衰えることも硬くなることもありません。

柔軟で反射神経のいいココロを持つことは、運がよくなる絶対条件。

ハツラツとしたココロを持っていさえすれば、どんな状況に置かれてもベストな対応ができ、その積み重ねで、運が上向きになっていくのです。

ココロをいつも新鮮に保つ方法は、とてもシンプルです。

それは、新しい物ごとにどんどんチャレンジすること。

たったこれだけです。

今日は1万歩
チャレンジDAY

「流れる水は腐らない」という言葉の通り、ココロも日頃から新しい刺激にさらされていれば、いつも柔らかく保てるのです。


あなたが憧れている年上の人をイメージしてください。

その人はいつも前向きで、興味のあること、やりたいことは、決してあきらめたりせずに挑戦しているはずです。

日々変化することを楽しんでいて、年齢を重ねるごとに魅力を増していきます。

だからこそ、あなたにとって憧れの人になっているのではないでしょうか。


新しいことを始めるのに、タイミングなんて関係ありません。

「これだ!」と思ったら、すぐに始めてみる。

何となくおもしろそうだ、とか、好きな人がやっているから、とか、始める理由だって何でも構いません。

これまでと違う何かにチャレンジするごとに、あなたの魅力は輝いていきます。

46

「今日が勝負！」という一日をつくる

全力投球すれば10の力が出せるのに、いつでも8しか力を出さないでいると、気づいたときには8の力を出すのが限界になってしまいます。

でも、**常に10の力を出す努力をしていれば、8の力も7の力も自由自在に使うことができる**のです。

とはいえ、人間、いつもいつも気合十分では疲れてしまいます。

ですから、仕事でも趣味でも、休むときは休む。そして、大きな流れの中で「ここぞ」という日をつくるのです。

実は、「頑張りどき」というのは、自分の意思とはかかわりなくやってきます。

ただでさえ仕事をたくさん抱えているときに限ってトラブルが起こったり、また新たな仕事を頼まれたりすることがあるでしょう。

そういったときが、まさに「頑張りどき」。

10の力を出すチャンスです。

乗り越えられたら、あとは8の力も7の力も自分でコントロールできるようになります。

47 「それは本当にやりたいこと？」と問いかける

「やりたいことがなかなか決まらない」と悩む人がいます。
はっきり言いましょう。
やりたいことなんて、どんどん変わるものです。
むしろ、変わっているのに、それに気づかないほうが危険かもしれません。
ですから、時々、自分に問いかけてください。
「その目標は〝今の自分にとって〟価値があるもの？」
目標に向かって「熱中」するのは大歓迎ですが、「執着」してはいけません。

たとえば、「留学したい」という夢に向かって一生懸命頑張っていたとしましょう。けれどふと気づくと、以前ほど夢中でない自分がいる。そんなときは、今の仕事がどんどんおもしろくなっていて、そちらに気持ちが向いていることもあります。

海外に行くよりも、今は目の前の仕事を究《きわ》めたい。そんなふうに進路変更することもあるはずです。

お金を貯めることが目標だったけれど、自分のやりたいことが見つかって、そこにお金を使ってみたいと思うこともあるでしょう。

仕事より趣味、恋愛よりも仕事、仕事よりも幸せな家庭を築くこと。目標や夢が変わることは、当たり前のことなのです。

人生には、分岐点がたくさんあります。そのうちひとつの道を選んで進んだら、新しい景色が目の前に広がる。そしてまた分岐点にぶつかる。その連続です。

むしろ「やりたいこと」が変わったというのは、自分が新たなステージに立ったということ。

変化を恐れない人に、幸運はやってくることを覚えておいてください。

48

“何となく気になる”本を探す

「今の仕事は自分に合っている？」
誰もが一度は、そんな疑問を抱くものでしょう。

自分がどんな仕事に向いているのかを知るためには、持って生まれた性格や能力をもう一度きちんと検討する必要があります。先に職業を選ぶのではなく、まず自分の性質を知ることから始めるのです。

「それは、わかっているけれど、どうしたらいいの？」
という声が聞こえてきそうですね。

自分の適職を知るためには、「本屋さん」に行くのがおすすめです。

本屋さんには、様々な本が並んでいます。医学や法律などの専門書から、小説やエッセイ、ファッション誌、マンガまで――。あらゆる分野の本が一堂に会《かい》し、まさに〝仕事の展示会〟のようなものです。

普段は雑誌の立ち読みやマンガの新刊チェックなど一極集中型の人も、一時間ほど時間をつくって、本屋さんをぐるりと一周してみましょう。

そして、「何となく気になる場所」でストップ。そこにある本を手に取ってパラパラとめくってみてください。

それが、あなたの興味対象である可能性が高いのです。

実は、この「何となく」というのがポイントです。

人には「直感」というものが備わっているので、たとえ「何となく」でも、選んだものには、必ず惹《ひ》かれる理由があります。

普段は目的を持って本屋さんに行っているので、「直感」が「意識」の下に隠れてしまっていることが多いのですが、「ただ何となく」で選ぶことによって、これまで自分でも気づかなかった一面が顔を出すことがあるのです。

たとえば、やたらと心理学のコーナーに目がいくなら、読みやすそうな本を一冊買って目を通してみるといいでしょう。

心理学とひと口に言っても、それを生かせる職業は本当に様々です。精神科医やコンサルタント、カウンセラーというのは代表的な例ですし、占い師やマジシャンだって、心理学を勉強していることが多いのです。

まず興味の対象を知り、それを生かせる仕事を考えてみる。

すると、結局今の仕事が一番ぴったりだったということに気づくかもしれませんし、転職するために資格を取ろうとか、知り合いに話を聞いてみようとかいった行動につながるかもしれません。

49

人生の選択で失敗しない方法

人生には、「選択」をせまられる瞬間がたくさんあります。

それこそスーパーで何を買うかといったささいなことから、仕事や結婚などの「決断」まで、人生そのものが「選択」の連続だといってもいいでしょう。

選び方を失敗しないためには、どうすればいいのでしょうか？

より質の高いものを選択したいと思うなら、選択を多く用意すること。

できるだけたくさんの選択肢の中から吟味《ぎんみ》して選ぶことで、よりよいものを選び取ることができるのです。

ただし「質の高いもの」とは、〝あなたにとって〟どれだけの価値があるかということであって、決してブランドや金額ではありません。

たとえば結婚相手を決めるときに、職業や見た目だけで相手を選んでしまうのは大きな間違いです。

「思いやりのある人か」「ずっと一緒に生きていくことができるか」など、あくまでも〝あなたにとって〟どれだけ大切な人であるかで、「質の高い」相手か「そうではない」相手かが決まります。

それでもなかなか答えが出せない、決められないという場合もあるでしょう。

そんなときは、**決定はせず、「ポジティブな可能性を残しておく」**ことです。

「いい人だけれど、結婚にまでは踏み切れない」というのなら、すぐに結婚するのでも、その場で別れるのでもなく、結婚を前提におつき合いをしてみるのです。

「決定する」と聞くと、なんだかすべてが決まってしまうように思いますが、決定にも段階があります。

まず最初のステップを決めて、一段上《あ》がったところで次の段階について迷う。

そうして、最終的な決定ができればいいのです。

もし、いつまでも最初のステップを上らないで足踏みしていたら、その先はなかなか見えてきません。

一段上がって、目に入る景色を変えてから判断しましょう。

50

「好奇心」に蓋をしていませんか？

ほとんどの人は、歳とともに考え方が固まってしまいます。

自分の考え方が出来上がっているので、新しいものを見ても「こういうものだ」と想像し、試してみたり、もっと知ろうとしたりしないものです。

歳を重ねても素直な人になりたいなら、自分自身を成長させる「好奇心」を持ちつづけてください。

仕事にしても、私生活にしても、レベルアップしようという強い気持ちがないと、どんどん退化して頭が固くなってしまいます。

自分を成長させようという気持ちには、「自分の意見を通せばうまくいく」という強引な考えは浮かびません。

自然に相手の話を聞こうという気持ちになれます。

人を裁《さば》いてしまうのも、頭が固くなってきている危険信号です。

自分を成長させようという気持ちが少なくなってきているのです。

そして、おもしろくない話を延々とする人は、相手が聞いてくれていると錯覚をしています。

そのような人は、本当に話を聞いてもらえるように工夫するチャンスを失い、自分自身も成長できません。話をするときは、相手が「聞いてくれない」ことを前提に考え、工夫をしながら話しましょう。

歳を重ねるごとに、人の話を素直に聞ける人物は、器《うつわ》が大きく素敵な人です。

あなたもぜひ、素敵に歳を重ねる素直な人になってください。

51

一日ひとつ、自分をほめる

「あーあ、また仕事で失敗しちゃった。私ってほんとにダメ……」「恋人もなかなかできないし」「転職したいけれど、これといって資格もないし……」

自分の欠点を並べて、ますます自分の評価を下げてしまう人がいますが、こんなクセとは今すぐ決別しましょう。

そして、**「できないこと」のかわりに、「できること」を見つけてください。**

「パソコンを打つのは遅いけれど、手書きの字はすごくきれい」
「恋人はいないけれど、友だちならたくさんいる」
「資格は持っていないけれど、料理の腕は自慢できる」

〝できないこと〟より
〝できたこと〟を見つけて
自分をほめてみる
えらい!

人は誰でも、「できないこと」と同じ数だけ「できること」を持っています。自分にできないことがあったら、そのかわりに必ず何かできることがあるのです。

人生は、自分の思った通りにつくられていきます。

「できない」と簡単に口走ることは、自分の可能性を自分で潰《つぶ》していることになるのです。もし、「できない、できない」と言っていると、やればできるはずだったことでもできなくなってしまいます。

逆に、どんなに小さなことでも自分を認めてほめてあげれば、潜在意識にしっかりインプットされます。

すると、**どんどん自信がついて「器」自体が大きくなります。大きくなった「器」で頑張れば、さらにレベルの高いこともこなせるようになるのです。**

一日の終わりに、今日頑張ったことをひとつ見つけて、自分をほめましょう。

52

「これでよかった」と言ってみる

未来を変えることはできても、過去は変えられない。誰だってそう思うでしょう。

でも違います。

「過去は変えることができる」のです。

あなたにとって、もしも変えられるものなら変えたい過去とはどんなものですか？

「あのとき彼とケンカしていなかったら……」

「あのとき仕事でミスをしなければ……」

「病気にならなければ……」

おそらく、すべてネガティブな気持ちから出発していると思います。

そこで、こう言い直してみましょう。

「あのとき、彼とケンカをしてよかった」

「あのとき仕事でミスをしてよかった」

「あのとき病気になってよかった」

脈絡はいっさい捨てて、まずはすべてのできごとに**「これでよかった」**と言ってみてください。

そうしたら**「なぜよかったか」**を考えてみましょう。

「あのとき、彼とケンカをしてよかった」

↓

「そうでなかったら、今の彼と出会うことはなかったかもしれない」

↓

「彼とズルズルつき合って、もっと深く傷ついていたかもしれない」

「こじつけ」だと思うかもしれませんが、過去のできごとを悪いほうに受けとめるの

このひと言で、
過去も今も未来も
変えられる!
これでよかった

も、考えようによってはこじつけです。

もっと素晴らしい未来が待っていたはずだという思いは、自分のココロの中で構築される妄想に過ぎません。


一見マイナスのように思えるできごとでも、見方を変えてみれば自分を成長させてくれるきっかけになっていることがわかるはず。

「これでよかった」と口に出してみることで、その〝きっかけ〟に目が向くでしょう。

過去の「事実」を変えることはできなくても、過去の「イメージ」を変えることはできます。

そして過去が変われば、現在も未来も変わってくるのです。

53
「幸せになりたい」ではなく「幸せ！」と言い切る

最後にひとつ、質問です。

あなたは今、幸せですか？

「決して不幸ではないけれど、幸せとも言い切れない」という人、多いかもしれませんね。

仕事がつまらないとは思わない、でも楽しいとも思えない。もう少しお金があったら、もう少し私が美人だったら、もう少し……。

このように足りないものを数えていると、無意識のうちに「ああ、幸せになりたいなあ」と望んでしまうものなのです。

でも、**本当に幸せになるコツは、「幸せになりたい」という言葉とキッパリ縁を切ること。**

そして「幸せ！」と断言してしまうことです。

いったいなぜだと思いますか？

それは、「なりたい」ということは、今はそうではないと認めてしまうことになるからです。

これまでにも書いたように、言葉の力は、ココロを動かし、行動を変えます。

つまり、「幸せになりたい」ではなく、「幸せ！」と言い切ってしまえば、ココロもそう思いこみます。ココロにつられて、行動もポジティブなほうへと向かっていくという仕組みです。

「もうなっている」と言葉を変えるだけで、その状態が現実となるのです。

「私は幸せ！」と何度も何度も、自分がその気になってくるまでくり返してみてください。

そして、一日の終わりには、幸せの数を数えてみるといいでしょう。
今日も一日、元気に過ごせた。
上司に仕事をほめられた。
友だちと飲みに行って、お腹が痛くなるくらい笑った。
帰りの電車で運よく席が空《あ》いていた。
好きな本を読める、好きな音楽が聴ける。
今日はたっぷり眠れそう。
明日は、友だちとおいしいものを食べる予定がある。
こんなふうに、小さな幸せでも、数え上げてみると、かなりの数になるはずです。
幸せを数えるたびに、プラスのパワーをためるイメージを持ってください。

言い切る方法は、ほかの言葉にも応用できます。
「元気になりたい」を「私は元気！」に。
「○○ができるようになりたい」を「私は○○ができる！」に。
まさに幸運を引き寄せるオールマイティーのフレーズなのです。

（了）

本書は、小社より刊行した『1日ひとつ、変えてみる。』を、
文庫収録にあたり加筆・改筆・改題したものです。

今《いま》すぐ！ 幸《しあわ》せがやってくるシンプルな習慣《しゅうかん》

著者　さとうやすゆき
発行者　押鐘太陽
発行所　株式会社三笠書房
〒102-0072 東京都千代田区飯田橋3-3-1
電話　03-5226-5734（営業部） 03-5226-5731（編集部）
https://www.mikasashobo.co.jp
印刷　誠宏印刷
製本　ナショナル製本

 ISBN978-4-8379-3084-6 C0130

王様文庫

王様文庫

いちいち気にしない心が手に入る本

内藤誼人

対人心理学のスペシャリストが教える「何があっても受け流せる」心理学。◎「マイナスの感情」をはびこらせない　◎〝胸を張る〟だけで、こんなに変わる　◎「自分だって捨てたもんじゃない」と思うコツ……etc.「心を変える」方法をマスターできる本！

週末朝活

池田千恵

「なんでもできる朝」って、こんなにおもしろい！　○「朝一番のカフェ」の最高活用法　○今まで感じたことがない「リフレッシュ」　○「できたらいいな」リスト……週末なら、時間も行動も、もっと自由に組み立てられる。心と体に「余白」が生まれる59の提案。

「運のいい人」は手放すのがうまい

大木ゆきの

こだわりを上手に手放してスパーンと開運していくコツを「宇宙におまかせナビゲーター」が伝授！　◎心がときめいた瞬間、宇宙から幸運が流れ込む　◎「思い切って動く」とエネルギーが好循環……心から楽しいことをするだけで、想像以上のミラクルがやってくる！

K30643